Anne und Nikolaus Schneider
Wenn das Leid, das wir tragen,
den Weg uns weist

Anne und Nikolaus Schneider

Wenn das Leid, das wir tragen, den Weg uns weist

neukirchener
aussaat

Der Text „Von guten Mächten wunderbar geborgen"
entstammt dem Buch: Dietrich Bonhoeffer, Widerstand und
Ergebung
© by Gütersloher Verlagshaus, Gütersloh,
in der Verlagsgruppe Random House GmbH, München

Bibliografische Information der Deutschen Nationalbibliothek

Die Deutsche Nationalbibliothek verzeichnet diese Publikation in
der Deutschen Nationalbibliografie; detaillierte bibliografische
Daten sind im Internet über http://dnb.d-nb.de abrufbar.

4. Auflage 2012
© 2006 Neukirchener Verlagsgesellschaft mbH,
Neukirchen-Vluyn
Alle Rechte vorbehalten
Umschlaggestaltung: Andreas Sonnhüter, Düsseldorf,
unter Verwendung eines Bildes von © iStockphoto.com
Lektorat: Ekkehard Starke
Fotos Seite 22, 32, 46, 59: © Matthias Siegel, Breklum
DTP: Breklumer Print-Service, Breklum, breklumer-print-service.com
Verwendete Schrift: Serif Gothik, Novarese Book und Minon
Gesamtherstellung: CPI – Ebner & Spiegel, Ulm
Printed in Germany
ISBN 978-3-7615-5728-0

www.neukirchener-verlage.de

Unseren wunderbaren Töchtern
Kathrin, Annika und Meike
und für Elke

Inhalt

Eine kurze Vorgeschichte zu unserem Buch

Meike, unsere dritte und jüngste Tochter, startete ihr eigenständiges Leben im Sommer 2001 mit einem ‚Sozialen Jahr' im Kosovo. Daran anschließend begann sie im Herbst 2002 in Leipzig zu studieren: Osteuropawissenschaften und Evangelische Theologie.

Im April 2003 erhielt Meike nach wochenlangen Schwächeanfällen und Infektionen in der Leipziger Universitätsklinik die Diagnose: Sie litt an einer ‚akuten lymphatischen Leukämie (ALL)', vermutlich seit Anfang Februar. Sie war in einem äußerst kritischen Zustand.

Meike wurde zunächst in Leipzig, dann im Universitätsklinikum Essen dreizehn Monate lang mit neun Chemotherapien sehr erfolgversprechend behandelt. Im Juni und Juli 2004 genoss sie sechs Wochen lang das Glück, ‚krebsfrei' zu sein und ihre Zukunft zu planen.

Das ‚Frührezidiv' (Rückfall) im Sommer 2004 machte eine Knochenmarktransplantation (die weitere Therapiemöglichkeit) notwendig. Sie verlief erfolgreich im Oktober 2004, und wieder lebten Meike und wir in der Hoffnung auf vollständige Heilung.

Am 28. Dezember 2004, keine 100 Tage nach der Transplantation, wurden wieder Krebszellen in Meikes Blut und Knochenmark nachgewiesen.

Meike ließ sich auf eine weitere Chemotherapie ein. Am 3. Februar 2005 starb sie im Alter von 22 Jahren an einer Lungenentzündung.

Wir haben in den zwei Jahren von Meikes Krankheit und Sterben eine intensive, uns immer wieder neu beglückende und bereichernde Beziehung zu unserer Tochter leben können.

Sie fehlt uns.

Vorwort

> Von guten Mächten wunderbar geborgen,
> erwarten wir getrost, was kommen mag.
> Gott ist bei uns am Abend und am Morgen
> und ganz gewiss an jedem neuen Tag.

Da hängt einer am Kreuz, verraten und gequält, und er bittet um Vergebung für seine Henker, spricht seinem Nächsten das Paradies zu und lässt sich mit seinen Erfahrungen der Todesangst und der Gottverlassenheit in Gottes Hände fallen!

Geht das?

Es geht, weil dieser eine, Jesus Christus, Gottes Gegenwart und Nähe mitten in seinen Ängsten, mitten in seinem Leiden und Sterben erfährt und bezeugt!

Da sitzt einer im Gefängnis, ist einer erbarmungslosen und verbrecherischen Justiz ausgeliefert, hat Folterverhöre und Todesstrafe vor Augen und singt und dichtet von „guten Mächten", die ihn „wunderbar" bergen.

Geht das?

Es geht, weil dieser, Dietrich Bonhoeffer, auch in seinem Scheitern und in seinem Leiden offen bleibt für die Erfahrungen und für den Trost von Gottes guten Mächten, für Gottes wunderbare Nähe an jedem Tag seines Lebens!

Da kämpften und hofften und beteten wir zwei Jahre lang vergeblich für unsere und mit unserer Tochter um ihre Heilung und um ihr Leben und wollen jetzt mit all unserer Trauer und Traurigkeit ein Trostbuch schreiben.

Geht das?

Vor allem: Kann uns das gelingen, ohne dass sich beabsichtigter Trost in nicht beabsichtigte frömmelnde Vertröstung oder – noch schlimmer – in nicht beabsichtigten christlichen Leistungsdruck verkehrt?

Wir versuchen diesen Gefahren zu entgehen, indem wir unsere persönlichen Erfahrungen und Gefühle mit überlieferten und uns tragenden Glaubenszeugnissen, Gottesvorstellungen und Gottesworten zusammenbinden. Wir möchten Leser und Leserinnen ermuntern, angeregt durch dieses Buch nach Glaubenszeugnissen und Gottesworten zu suchen, die ihnen zu „guten Mächten" werden und sie mit ihren Leiderfahrungen bergen können.

12

Wir haben Gottes Gegenwart und Nähe in Meikes Leiden und Sterben gespürt, aber das machte und das macht unseren Schmerz über ihren Tod nicht gering. Das Mit-Erleben und das Mit-Erleiden der Ängste und Schmerzen unserer Tochter, ihre und unsere enttäuschten Hoffnungen und die vielen unerhörten Gebete führten uns immer wieder an die Grenzen unseres Gottvertrauens. Einfache Vorstellungen von einem allzeit „lieben" Gott, der menschliche Gebete erhört, wenn denn nur „richtiger" Glaube und „ernsthaftes" Wollen dahinter stehen, konnten und können uns nicht tragen oder trösten.

Auch zeugt dieses Buch nicht von der Erfahrung: Wenn wir als Christinnen und Christen nur den richtigen Glauben – vor allem den richtigen Auferstehungsglauben – haben, dann bleiben wir auch in Todeserfahrungen tapfer und gelassen, dann fechten uns Zweifel und Verzweiflung nicht an, dann sind Sterben und Tod nur die offene Tür zum Gottesreich, dann lassen wir die von uns geliebten Menschen freudigen Herzens hinübergehen…

Dieses Buch erzählt davon, dass der Abschied vom Leben und von einem geliebten Menschen weh tut, dass Sterben und Sterbebegleitung unsere Fragen nach Gottes konkreter

Liebe und nach Gottes konkreter Allmacht immer wieder neu stellen und offen halten.

Aber gerade weil Meikes und weil unsere Gottesbeziehung in Leid und Verzweiflung nicht abgebrochen ist, gerade weil wir uns trotz alledem und bei alledem „wunderbar geborgen" fühlten, gerade deshalb gewannen wir die Freiheit, glaubend zu fragen und zu zweifeln, zu zittern und zu weinen, zu klagen, anzuklagen und sprachlos zu werden.

Auch dazu will dieses Buch Mut machen!

Wir haben am 3. Februar 2005 Meikes unmittelbare und leibliche Gegenwart für unser Leben auf dieser Erde verloren. Wir vermissen sie sehr. Wir vermissen ihr Lachen und ihre Zärtlichkeit und ihre ansteckende Lebenslust. Wir vermissen ihr anregendes und uns herausforderndes Denken, Reden und Streiten. Aber wir sind ganz gewiss, dass Meike ein neues Leben in Gottes Reich geschenkt ist. Gott hat ihre Tränen schon abgewischt. Und so ist Meike für uns heute Teil unserer Gottesbeziehung, ist für uns wichtiger Teil der „guten Mächte" Gottes, die unserem Leben Lichtzeichen und Wegweisung schenken und die für uns gleichsam zu Brücken werden zwischen unserem oft leidvollen und von Todeserfahrungen geprägten irdischen Leben und der unsichtbaren Welt Gottes, in der es keinen Tod und keine Tränen mehr gibt.

In dieser Gewissheit wagen wir dieses Buch als ein Trostbuch in und mit unserer Trauer und Traurigkeit! Meikes und unser Freund Dieter Kelp hat uns mit seinen einfühlsamen Texten schon im Trauergottesdienst für Meike dazu bewegt und ermutigt, eine solche Brücke, die uns durch unsere bleibende Beziehung zu geliebten Verstorbenen geschenkt ist, wahrzunehmen und tastende Schritte auf ihr zu wagen.

Diese gottesdienstlichen Texte
von Dieter Kelp
beschließen unser Buch.

1. Es tut immer noch weh!

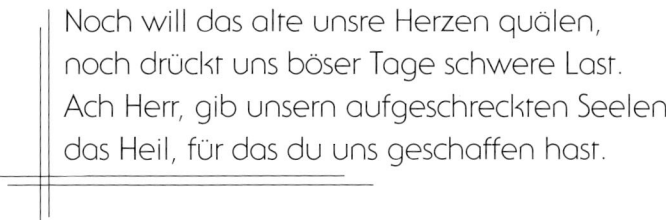

Noch will das alte unsre Herzen quälen,
noch drückt uns böser Tage schwere Last.
Ach Herr, gib unsern aufgeschreckten Seelen
das Heil, für das du uns geschaffen hast.

Meike, du Liebe, mehr als ein Jahr ist vergangen, seit du gestorben bist. Wir haben inzwischen einige Erfahrungen damit gesammelt, Familienfeste und unsere kirchlichen Festtage und Festzeiten ohne deine leibliche Anwesenheit zu gestalten und zu feiern. Du hast das immer so sehr gemocht, das Planen und Vorbereiten, das Färben der Ostereier, das Dekorieren der Tische und das Schmücken der Räume, das Stöbern in Rezepten und das Kochen und Backen, das Schenken und Beschenktwerden. Und dann auch das Feiern selbst, das gemeinsame Essen und Trinken, das Singen und Tanzen und Musikhören, das Spielen und Reden und Diskutieren im großen Familien- und Freundeskreis! Und jetzt also: Ostern ohne dich, Adventszeit ohne dich, Weihnachten ohne dich, Geburtstage ohne dich... Wir suchten und suchen nach angemessenen Wegen, wie du weiterhin Teil dieser für uns so wichtigen Festzeiten bleibst, ohne dass wir zu sehr in Erinnerungen und Verlustgefühlen versinken!

Dabei wurde uns – zu meiner großen Überraschung auch mir! – der Friedhof und dein Grab zu einem wichtigen Ort. Nicht dass ich glaube, **du** wärest in welcher Form auch immer an diesen Ort gebunden. Aber **meine** Erinnerungen an dich und meine an dich adressierten Selbstgespräche gewinnen dort eine besondere Dichte. Es ist, als könnten die Friedhofstore meine Alltagsgeschäftigkeiten und Alltagssorgen aussperren. Als wir zum Beispiel in der Dunkelheit des Heiligen Abends mit einem geschmückten Zweig unseres Tannenbaumes – du weißt, wir haben diese Idee der Bonhoeffer-Familie abgeschaut – an deinem Grab waren, als wir dort die Kerzen anzündeten, unter Tränen deine Lieblingslieder sangen, da konnte ich es mit all meinen Sinnen akzeptieren: Schmerz und Tränen, Trauer und Traurigkeit gehören zu der Fülle unseres Lebens, stehen nicht im Widerspruch zu einem **gesegneten** Leben – vor allem dann nicht, wenn wir unsere Schmerzen und unsere Traurigkeit mit uns nahestehenden Menschen teilen können.
Meike, ich habe es immer noch nicht erreicht, dass

mir dein Fehlen „gleichmäßig wehtut", wie Herbert Grönemeyer den Verlust seiner Frau in dem von dir so gemochten Lied besingt. Meine Verlustschmerzen kommen immer noch in Wellen, häufig total überraschend und oft auch unpassend – etwa im Schulunterricht oder beim Autofahren ...

Manchmal sind diese Schmerzwellen sanft, und ich lasse mich dann gerne von ihnen treiben. Ich weine dann ein bisschen vor mich hin, schwelge in schönen Erinnerungen an dich und unsere gemeinsamen Zeiten. Meine Tränen sind dann nicht bitter oder verzweifelt, sondern sie tun mir wohl, weil sie mir zeigen, dass meine Liebe zu dir, dass die Liebe zwischen uns beiden noch ganz lebendig ist!

Aber dann gibt es auch noch immer und immer wieder neu diese Schmerzwellen, die meine Seele aufschrecken lassen, die mir die Luft zum Atmen nehmen. Ich sehe dann deine großen traurigen Augen in den letzten bewussten Tagen deines Lebens vor mir. Du hattest fast unerträgliche Schmerzen beim Atmen, wolltest dir aber das Morphium nicht höher stellen lassen, um dein Bewusstsein und deine Selbstkontrolle nicht vollständig zu verlieren. Die Ärzte kämpften mit allen ihnen zur Verfügung stehenden Mitteln gegen deine Lungenentzündung. Ich aber wusste nicht, ob ich dir nicht wünschen sollte, schnell an der Lungenentzündung zu sterben statt langsam an der Leukämie.

„Sie brauchen zwei Wunder!", sagten die Ärzte zu mir, „ein Wunder für die Lungenentzündung und ein Wunder für die Leukämie!" Ich aber konnte und wollte in diesen Tagen überhaupt nicht mehr um Wunder beten. Nicht weil ich daran zweifelte, dass Gott diese Wunder tun **könnte,** sondern weil ich daran zweifelte, dass Gott diese Wunder tun **wollte**. In diesen Tagen habe ich mir von meiner Seite aus eine „Auszeit" von meiner Gottesbeziehung genommen. Ich hatte aufgehört, mit Gott um dein Leben zu kämpfen. Ich hatte keine Kraft mehr, wie Jakob einst am Jabbok mit Gott um den Segen zu ringen. Ich versuchte nur noch, meine ganzen mir verbliebenen Kräfte darauf zu konzentrieren, dir dein Sterben, deinen Abschied von dem so sehr von dir geliebten Leben nicht durch meinen Kummer noch schwerer zu machen.

Meike, ich kann auch heute noch nicht diese Januartage erinnern, ohne dass meine Tränen fließen, ohne dass mein Herz sich verkrampft, ohne dass meine Seele aufschreckt!

Mein Kopf sagt mir, dass „dieser bösen Tage schwere Last" ja jetzt vorüber ist. Gott hat deiner aufgeschreckten Seele ja jetzt das Heil gegeben,

„für das er dich erschaffen hat". Ich aber kann Gottes Heil für mich in diesen Januartagen nicht erkennen. Es tut so verdammt weh, noch immer und immer wieder neu!

Noch immer aber und auch immer wieder neu hab ich dich lieb, Meike, meine Tochter,

deine Anne-Mama

„Trauer und Hoffnung bei Jesu Abschied", so überschreibt die Lutherübersetzung der Bibel die Verse 16–33 des 16. Kapitels des Johannesevangeliums.

Trauer und Hoffnung – das sind auch die Pole, die mein Denken, Fühlen und Glauben angesichts von Meikes Tod und Sterben bestimmen.

Auch vor Meikes Krankheit und Sterben waren Theologie und Glaube für mich mehr als abstrakte Prinzipien oder rein logische Gedankenketten. Glaube war für mich – und auch für Meike – immer weit mehr als ein philosophisch-theologisches Erwägen, so notwendig dies zur Klärung der Gedanken und zur Verständigungsfähigkeit auch ist.

22

Glaube war für uns die vertrauensvolle, lebendige Beziehung zu Gott, dem Schöpfer und Erhalter unseres Lebens. Glaube war und ist auf diese Weise das Fundament mitten in den Alltagen unseres Lebens in der Welt.

Aber dieses Fundament hat Risse bekommen. Für Meike, als der Krebs auf so heimtückische Weise wieder Besitz von ihrem Körper ergriff. Eine 16-monatige Chemotherapie mit allen Schmerzen, Qualen und Einschränkungen hatte als Abschlussergebnis: keine Krebszellen im Knochenmark nachweisbar. Und nach zweieinhalb Monaten ging der Kampf von vorne los.

Die Knochenmarktransplantation verlief erfolgreich. Doch nach elf Wochen wurden wieder Krebszellen in ihrem Blut und in ihrem Knochenmark nachgewiesen.

Diese ‚Achterbahn‘ der Gefühle haben Meikes Seele geschunden und unsere dazu. Worauf war und ist Verlass?

„Das habe ich mit euch geredet, damit ihr in mir Frieden habt. In der Welt habt ihr Angst; aber seid getrost, ich habe die Welt überwunden" (Joh 16,33), so hält Jesus die ungeheure Spannung zwischen den beiden Polen ‚Trauer‘ und ‚Hoffnung‘ in seiner Abschiedsrede an die Jünger auf dieser Welt zusammen.

Und so haben auch wir durch Meikes Krankheit, Sterben und Tod ganz unmittelbar erfahren und zu begreifen gelernt: In dieser Welt leiden auch wir als Jesu Nachfolgerinnen und Nachfolger, auch als gläubige Christinnen und Christen unter Angst und Traurigkeit.

In dieser Welt drückt uns immer wieder neu ,böser Tage schwere Last'. In dieser Welt werden unsere Seelen immer wieder neu durch eigenes und fremdes Leiden geschunden und aufgeschreckt.

Gott begegnet uns nicht allein als der ,liebe Gott'. Gottes Weg mit Meike und mit uns bleibt uns rätselhaft und erschreckend befremdlich. Aufgeschreckt und verwundet sind unsere Seelen, denn wir waren und sind zum Vertrauen in Gottes Lebensmacht und Menschenliebe bereit.

Warum hat er nicht geholfen? Er hätte es doch gekonnt!

Auch heute noch, mehr als ein Jahr nach Meikes Tod, quälen diese Erfahrungen unsere Herzen, unsere Seelen sind und bleiben verletzt. Auch die Angst vor zukünftigen ,bösen Tagen' und zukünftigen Erfahrungen von Gottesferne und Verlassenheit, vor seinem Schweigen trotz unserer Bitten und unseres Flehens lässt sich nicht verdrängen und vollständig beseitigen.

Meikes Sterben tut uns weh, und dieses Gefühl des Schmerzes bleibt. Wir haben beides erfahren: Gott war und ist uns auch nahe. Er war es so oft in den Tagen der Krankheit. Und auch Meikes Sterben in unseren Händen war nicht gottverlassen.

Aber das andere ist auch schwere Realität: Rätselhaft und fremd bleibt, dass ein Lebensweg voller Hoffnungen, Wünsche und Möglichkeiten abgebrochen wurde und dass – sogar medizinisch – begründete Hoffnungen vergeblich blieben. Das hat etwas Gewaltsames an sich.

Realität bleibt aber auch Jesu Zuspruch: „Seid getrost, ich habe die Welt überwunden."

Diesen Zuspruch hat Gott durch Jesu Auferstehung, durch das wunderbare Ostergeschehen besiegelt und uns zu gültigen Hoffnungszeichen gegen unsere Ängste und Todeserfahrungen geschenkt.

Wir sind gewiss: Meike ist nicht verloren. Sie ist in Gottes Hand geborgen. Sie hat Wohnung bezogen in dem Haus, das Jesus bereitet hat. Durch Jesu Tod und Auferstehung hat Gott das klar gemacht. Meike hat nun in Jesus Christus ihren Frieden gefunden, und die Ängste dieser Welt hat sie nun überwunden.

Uns bleibt, auch wenn unsere Herzen sich noch quälen, auch wenn unsere Seelen noch aufschrecken: Wir haben eine Adresse für unsere Fragen und für unsere Klagen. Wir haben eine begründete Hoffnung auf das Heil, für das uns Gott geschaffen hat!

Nikolaus Schneider

2. Wir werden die Rute nicht küssen, mit der du uns schlägst, Gott!

Und reichst du uns den schweren Kelch, den bittern
des Leids, gefüllt bis an den höchsten Rand,
so nehmen wir ihn dankbar ohne Zittern
aus deiner guten und geliebten Hand.

Meike, du Liebe, ob du wohl inzwischen Zeit und Gelegenheit hattest, Bonhoeffer zu fragen, warum er diesen für uns anstößigen und ärgerlichen Vers in dem für uns so wichtigen Gedicht und Lied geschrieben hat?

Ich hoffe sehr – für dich und für mich –, dass in Gottes Reich unsere Lust zu reden, zu streiten und gemeinsam weiterzudenken nicht verloren geht. Vielleicht konntest du also Bonhoeffer unseren Unmut und unsere Einwände vortragen und ihn zu einer neuen dritten Strophe motivieren!?

Wann immer ich mit dir und für dich ‚Von guten Mächten wunderbar geborgen' gesungen habe, auf Familienfeiern, in Silvestergottesdiensten, im Krankenhaus, an deinem Sterbebett und an deinem Grab, habe ich ganz bewusst diese dritte Strophe ausgelassen.

Es war und es ist nicht so, dass wir uns von Gott ein leidfreies Leben erwarten und erbitten. Und es war und ist nicht so, dass wir Gottes ‚gute und geliebte Hand‘ nur mit den Kelchen überschäumenden Glücks oder stiller Zufriedenheit identifizieren und den Kelch des Leids irgendeinem erdachten Gegenspieler Gottes zuordnen.

Nein, Meike, du und ich glaubten und akzeptierten, dass zu einem von Gott geschenkten und gesegneten Leben gute und böse Tage gehören, Lachen und Weinen, Kelche der Freude und Kelche des Leids. Für uns war ja gerade das die unverzichtbare Kernaussage der christlichen Kreuzestheologie:

Gottes Nähe und Gegenwart, Gottes gute und geliebte Hand ist bei uns, wenn wir den ‚schweren Kelch, den bittern des Leids, gefüllt bis an den höchsten Rand‘, nehmen und trinken müssen.

Aber wir wollten und konnten nicht glauben oder gar singen, dass wir diesen Kelch ‚dankbar‘ und ‚ohne Zittern‘ aus Gottes Hand nehmen sollen!

Meike, du Liebe, wie oft haben wir beide gerade in dem letzten Jahr deines irdischen Lebens darüber nachgedacht, warum Bonhoeffer diese Worte wählte.

Welches Gottesbild und welches Menschenbild, vor allem welche Glaubensvorstellungen haben ihm diese Worte eingegeben?

Gott lässt den Kelch des Leides an Menschen nicht vorübergehen, auch nicht an denen, die ihn lieben, das ist wahr. Aber erwartet Gott denn wirklich Dankbarkeit, furchtlose Tapferkeit und Gelassenheit beim Trinken dieses Kelches?

Dann hätte Jesus ja versagt, als er im Garten Gethsemane angesichts seines Kreuzestodes nicht Dankbarkeit, sondern die Bitte um Verschonung vor Gott brachte und selbst nach dem Trost des Engels noch Blut und Wasser schwitzte und seine gefühlte Gottverlassenheit am Kreuz herausschrie.

Sollten wir beide denn ‚übermenschlicher‘ sein als Jesus Christus und ‚dankbar‘ und ‚ohne Zittern‘ dein Leiden und Sterben auf uns nehmen?

Will und soll Gott für uns denn wie ein willkürlicher und herzloser Vater sein, der erwartet, dass wir die Rute auch noch küssen, mit der er uns schlägt?

Geben wir denn nur dann ein glaubhaftes Zeugnis von unserem Gott und unserer Gottesbeziehung, wenn wir gelassen und unangefochten unserem Leiden und Sterben begegnen?

Meike, wir konnten uns mit unserem Glauben und Denken in dieser Bonhoefferstrophe nicht wiederfinden.

Deine Schmerzen, deine Ängste, dein Sterben, unser Mitleiden, unsere enttäuschten Hoffnungen und unsere Trauer ließen und lassen mich zittern und weinen, klagen und anklagen. Und ich wollte und will, dass gerade auch dieses Zittern und Weinen, das Klagen und Anklagen aufgehoben ist in Gottes guter und geliebter Hand.

Bonhoeffers Theologie in ‚Widerstand und Ergebung‘ – nicht: Dankbarkeit und Ergebung! – war dir und war mir gerade in den Monaten deiner Krankheit immer wieder neu wegweisend und wichtig geworden. Deshalb blieb uns diese Strophe ein Stachel. Wir erklärten sie uns damit, dass Bonhoeffer mit dieser für uns ‚nicht-christlichen‘ – weil nicht von Christus gelebt und bezeugt – Gelassenheit seine Eltern und seine Braut beruhigen und trösten wollte.

Wir beide, Meike, hätten diese Strophe gerne umgedichtet:

**Und reichst du uns den schweren Kelch,
den bittern des Leids,
gefüllt bis an den höchsten Rand,
du stehst uns bei im Leiden und im Zittern
mit deiner guten und geliebten Hand.**

Aber das wäre denn doch sehr vermessen von uns gewesen. Deshalb begnügten wir uns damit, das Nachsprechen und das Singen dieser Strophe zu verweigern!

Und wann immer in Gottesdiensten oder bei anderer Gelegenheit ‚Von guten Mächten wunderbar geborgen‘ gesungen wird, Meike, singe ich mit dir und für dich die Strophen dieses wunderbaren Liedes und schweige mit dir und für dich bei der dritten Strophe. Meine Gedanken und meine Liebe schicke ich dir dann in das Reich Gottes und hoffe und bete, dass du ‚da oben‘ – auch mit Dietrich Bonhoeffer! – neue Lieder singst!

Und noch immer und immer wieder neu habe ich dich lieb,

Meike, meine Tochter,
deine Anne-Mama

Begrenztheit, Anfälligkeit, Bedrohung, Sterben und Tod – das sind durchgängige Lebenserfahrungen von uns Menschen, die uns die Güte und die Fülle des Lebens in Frage stellen lassen oder sie für uns sogar zerstören. Wir Menschen erleben sie umso bewusster und schmerzlicher, wenn wir als Geschöpfe Gottes die Ahnung des Gut-Seins der Schöpfung in uns tragen und unsere Lebensbemühungen auf die Fülle und das Gelingen des Lebens ausgerichtet sind. Gerade wenn wir Gott als unserem Schöpfergott und als unserem lebendigen Gegenüber trauen und uns mit unserer ganzen Existenz auf ihn einlassen und verlassen, schmerzen diese Grenzerfahrungen umso mehr.

Wenn wir dem Gott des Lebens vertrauen und uns nach dem Bilde Gottes geschaffen wissen, können wir Lebensbedrohliches und Lebensvernichtendes nicht einfach hinnehmen. Das Ringen und der Kampf gegen den Tod und alles, was das Leben in Frage stellt, gehört zu unserem Menschsein hinzu. Bei diesem Ringen wenden wir uns an Gott mit der Bitte um Hilfe und Unterstützung, weil er doch der Schöpfer und damit das Leben selbst ist und weil er nach dem Zeugnis vieler Menschen vormals auch wirklich geholfen hat. Es gehört zu den beglückenden Erfahrungen unseres menschlichen Lebens, wenn diese Hilfe eintrifft. Und es gehört zu unseren abgründigen Lebenserfahrungen, wenn diese Hilfe versagt wird.

Die Heilige Schrift berichtet von vielen Erfahrungen gewährter und versagter Hilfe. Sie reflektiert die Nähe und Ferne Gottes, seine Liebe und Zugewandtheit und seinen Zorn und seine Rätselhaftigkeit. Besonders bewegend wird der lebendige Gott in den Lebenszeugnissen der Psalmen angerufen:

Hier klagen und jubeln Menschen vor Gott, hier schreien sie ihre Rachegelüste, ihre triumphale Freude und ihre abgrundtiefe Verzweiflung heraus, hier finden sie trotz allem und in allem Leiden zu neuem Gottvertrauen.

Hiob ringt mit seinen Freunden um das richtige Verständnis des Gottes, der ihn so unverdient leiden lässt. Er kämpft um das Durchhalten seiner Gottesbeziehung in all seinem Unverständnis für Gottes Wege mit ihm.

Auch von Jesus Christus wird uns nicht berichtet, dass er in heiterer Gelassenheit und widerstandsloser Ergebenheit alle seine Lebensumstände einfach hinnahm:

Er beweinte seinen toten Freund Lazarus;

er prügelte zornig auf die Händler im Vorhof des Tempels ein;

er diskutierte und stritt mit den Schriftgelehrten seiner Zeit um das richtige Verständnis des Glaubens an den lebendigen Gott;

und vor allem: Er zeigte Angst vor dem eigenen Leiden und Sterben.

Jesus betete nicht: ‚Gott, danke, dass ich den Kelch des Leidens trinken darf.‘ Und er starb nicht tapfer lächelnd und Dankpsalmen singend am Kreuz.

Die Evangelien berichten es ganz anders, zum Beispiel Markus: "Abba, mein Vater, alles ist dir möglich; nimm diesen Kelch von mir; doch nicht, was ich will, sondern, was du willst."(Mk

14,36) Und: „ ... Mein Gott, mein Gott, warum hast du mich verlassen? ... Aber Jesus schrie laut und verschied." (Mk 15,34.37)

Menschen, die an diesen Gott des Lebens glauben, sind mit allen ihren Gefühlen, Gedanken und Taten in einer lebendigen Beziehung mit ihm verbunden. Von dieser Lebendigkeit berichten die Schriften des Alten und Neuen Testamentes, wenn sie von unseren Müttern und Vätern im Glauben erzählen:

Sie entbrennen in Leidenschaft für Gott und Gottes Wort, sie kämpfen um das Leben ihres Volkes, für den Bestand ihres Glaubens und auch den ihrer Familien. Sie weinen und lachen, lieben und hassen, rächen und verzeihen trotz und wegen ihrer lebendigen Beziehung zu Gott in aller menschlichen Vorläufigkeit und Gebrochenheit. Es ist Teil der Wahrheit und Lebendigkeit ihres Glaubens, dass alle Gefühle ausgesprochen werden dürfen, ja müssen.

In den Schriften des Alten und des Neuen Testaments sind uns Gottes Gebote und Weisungen überliefert, die die zerstörerischen Auswirkungen unserer Gefühle und Leidenschaften verhindern sollen:

Wir finden Gebote und Verbote zu Habgier

und Missgunst, zu Lüge und Neid, zu Raub, Mord und Ehebruch.

Das aber ist kein Gebot: ‚Du sollst nicht klagen und weinen, wenn dir oder den Deinen Böses widerfährt, sondern du sollst auch das Leiden dankbar aus Gottes Hand nehmen.‘

Nächstenliebe soll sich nicht darin konkretisieren, dass wir das Weinen und Klagen unserer leidenden Mitmenschen zu beschwichtigen oder zu verhindern suchen.

Vielmehr sollen wir teilnehmen am Weinen und Leiden unserer Mitmenschen: „Freut euch mit den Fröhlichen und weint mit den Weinenden.“ (Röm 12,15)

Jesus fordert uns in den Seligpreisungen nicht auf, Gott für unser Leiden zu danken, er preist nicht diejenigen selig, die ihr Leiden ‚dankbar und ohne Zittern aus Gottes Hand nehmen‘, sondern es heißt:

„Selig sind, die da Leid tragen; denn sie sollen getröstet werden.“ (Mt 5,4)

Ich kann deshalb den dritten Vers Bonhoeffers „Und reichst du uns den schweren Kelch, den bittern des Leids, gefüllt bis an den höchsten Rand, so nehmen wir ihn dankbar ohne Zittern aus deiner guten und geliebten Hand“ nicht als

Gebot und Weisung für eine Gott wohlgefällige und Christus nachfolgende Haltung im Leiden verstehen und singen.

Es mag allerdings Stunden im Leben eines Menschen geben, der sich ganz mit dem Gott des Lebens verbunden weiß, in denen der Geist Gottes ihn befähigt, selbst im Leiden und in Todesgefahr Gottes guter und geliebter Hand zu danken: für das geschenkte Leben, für Ahnungen und Erfahrungen der Fülle des Lebens auch in seinen schweren Zeiten.

So kann auch ich inmitten meiner Trauer und Traurigkeit manchmal beten:
,Danke, Gott, dass du mich deine Liebe und Gegenwart immer wieder neu erfahren lässt, auch jetzt in meinen schweren Zeiten, auch jetzt in meiner Trauer über den Tod meiner lieben Tochter Meike, die ich so sehr vermisse.
,Danke, Gott, dass du mir eine Familie geschenkt hast, die mit mir weint, wenn ich traurig und verzweifelt bin.
Danke, Gott, dass auch jetzt mein Zittern und Klagen in deiner Hand geborgen sind.'

Nikolaus Schneider

3. Auch unerfüllte Hoffnung lässt uns nicht zuschanden werden!

Lass warm und hell die Kerzen
heute flammen,
die du in unsre Dunkelheit gebracht,
führ, wenn es sein kann,
wieder uns zusammen.
Wir wissen es, dein Licht
scheint in der Nacht.

Meike, du Liebe, erinnerst du dich noch manchmal an deine letzte irdische Silvesternacht?

Blöde Frage, ich weiß, wie soll es denn in der Ewigkeit ‚Vergangenheit‘, ‚Gegenwart‘ und ‚Zukunft‘ geben? Zeitlosigkeit schließt – jedenfalls nach unserer irdischen Logik – diese Zeitstrukturen und damit wohl auch die Tätigkeiten ‚erinnern‘, ‚erwarten‘ und ‚hoffen‘ aus – schade eigentlich!

Erinnern, erwarten und hoffen waren so wichtige Dimensionen deines Lebens und waren und sind unverzichtbare Dimensionen meines Lebens!

Die Augenblicke unserer Gegenwart – auch und gerade die leidvollen und schweren Augenblicke – als von Gott begleitet und durch Gottes Gegenwart gesegnet zu erfahren und zu deuten, das braucht ja unsere Verwurzelung in der Vergangenheit und unsere Hoffnung auf Zukunft.

Verwurzelung in der Vergangenheit – in unsere eigene, ganz persönliche Vergangenheit, in die Geschichte, Gedanken und Texte unserer Vorfahren, vor allem aber unsere Verwurzelung in den alten Glaubensgeschichten der Bibel, in der überlieferten Geschichte Gottes mit uns Menschen und für uns Menschen, unsere Wurzeln im Leben, Sterben und Auferstehen Jesu Christi.

Verwurzelung in der Vergangenheit – das gibt unserem Leben Sinn und Tiefe gerade auch dann, wenn uns der Boden unter den Füßen wegzurutschen droht.

Weißt du noch, wie oft wir uns während deiner Krankheit an alten Familienfotos erfreut haben und wie gerne du in deinen alten Tagebüchern geblättert hast, wie viele Familienerinnerungen wir uns vergegenwärtigt und uns damit ermutigt haben?

Weißt du noch, wie wichtig dir die Gedanken und Texte aus ‚Widerstand und Ergebung‘ von

Dietrich Bonhoeffer waren? Wie du deine Situation im Krankenhaus, an Schläuche und Tropfe gebunden, von Schmerzen und Todesahnungen gequält – ganz zögerlich zwar, aber sehr hilfreich für dich –, mit Bonhoeffers Situation im Gefängnis zu parallelisieren wagtest und dich aufrichten ließest von seinem Gottvertrauen?

Weißt du noch, wie dir und wie mir die Geschichten über Hiob, die Klagepsalmen, vor allem aber die Passions- und Ostergeschichten der Evangelien immer wieder neu Kraft und Wegweisung, Geduld und Lebensmut für den Krankenhausalltag gaben?

Diese Erinnerungen und Vergegenwärtigungen waren gleichsam Kerzen in unseren Dunkelheiten!

Aber als es dann ganz dunkel für uns wurde, in der Silvesternacht 2004/2005, als wir wussten, dass auch die Stammzellentransplantation deine Leukämie nicht besiegt hatte, da brauchten wir das Licht Gottes, das aus der neuen Welt Gottes, aus der uns verheißenen Zukunft in die Dunkelheit unserer Gegenwart scheint.

Und das Licht Gottes schien in unsere Nacht, weil wir die Gewissheit spürten, dass der Sieg des Krebses über dein Blut nur ein vorläufiger Sieg war.

Das Licht Gottes schien in unsere Nacht, weil uns die Hoffnung erwuchs, dass Gottes Hand dich und uns tragen wird, in allem, was kommt:

„wenn es sein **kann**", in langwierigen und schwierigen Therapien zum Sieg über die Leukämie in ein irdisches Leben „nach der Krankheit", aber

„wenn es sein **muss**", auch in und durch Todesängste, in und durch deine Sterbestunde, in und durch unsere Trauer und Traurigkeit.

Gottes Licht schien in unsere Nacht, weil wir unsere angst- und leidvolle Gegenwart binden konnten an das zukünftige Gottesreich, an das uns verheißene neue Leben ohne Krankheit, Schmerz und Tod.

Dieses Hoffnungslicht, Meike, ließ uns in der Silvesternacht 2004/2005 im dunklen Krankenhauszimmer Wunderkerzen anzünden und dem Feuerwerk über der Essener Innenstadt zusehen.

Dieses Hoffnungslicht ließ uns in dieser Silvesternacht singen „Von guten Mächten wunderbar geborgen" – ohne die dritte Strophe natürlich!

Wir haben Cracker mit Käse gegessen, Sekt getrunken und das erste Mal seit drei Tagen und drei Nächten (am 28.12.2004 nämlich hatten wir die todbringende Nachricht erhalten, dass keine ein-hundert Tage nach der Transplantation wieder Krebszellen in deinem Blut und Knochenmark nachweisbar waren) wieder miteinander scherzen und lachen und uns ohne Tränen umarmen kön-nen.

Und wir konnten mit schwerem aber getrostem Herzen singen: „Nehmt Abschied, Brüder (die Schwestern haben wir dabei mitgedacht!), unge-wiss ist alle Wiederkehr, die Zukunft liegt in Fin-sternis und macht das Herz uns schwer. Der Him-mel wölbt sich übers Land, lebt wohl, auf Wieder-sehn, wir ruhen all in Gottes Hand, lebt wohl, auf Wiedersehn."

Und wir haben mit schwerem, aber mit getros-tem Herzen Abschied genommen von der Hoff-nung, dass das neue Jahr 2005 dein ‚Ohne-Kran-kenhaus-und-ohne-Leukämie-Jahr‘ wird, das Jahr der Wiederaufnahme deines Theologiestudiums, das Jahr der Wiederaufnahme deines selbstständi-gen Studentinnenlebens, das Jahr deines Reisens, Feierns, Verliebtseins und Liebens ...

Wir wollten es noch nicht völlig ausreißen, das nur noch ganz schwache Pflänzchen Hoffnung auf Genesung. Wir gaben sie noch nicht ganz auf, die-se Bitte Bonhoeffers „Führ, wenn es sein kann, wieder uns zusammen", dein Gebet: „Führ, wenn es sein kann, wieder mich ins gesunde Leben."

Aber wir fühlten es – Gott sei Dank! – in dieser Nacht: **Auch unerfüllte irdische Hoffnung lässt uns nicht zuschanden werden.**

Wir fühlten es – Gott sei Dank! – in dieser Nacht: **Unsere Liebe zueinander und Gottes Liebe zu uns trägt uns auch in den Dunkelheiten unseres Lebens!**

Ach Meike, erinnerst du dich an diese deine letzte irdische Silvesternacht?

Auch wenn es eine blöde Frage ist, ich bete und hoffe, dass solche Nächte Spuren hinterlassen in unserer vergänglichen und für unsere unvergängliche Persönlichkeit. Der Auferstehungsleib Christi trug schließlich auch die Male der Kreuzigung!

Also: Auch wenn im Reich Gottes dein ‚geistlicher Leib' nicht mehr zu erinnern, zu erwarten und zu hoffen braucht, vielleicht bist du ja doch beschwingt und geprägt von solch ‚wunderbaren' Nächten und Erfahrungen deines irdischen Lebens.

Für mich, du noch immer und immer wieder neu geliebte Meike-Tochter, bleibt diese Silvesternacht ein Gotteslicht in meiner Trauer und Traurigkeit.

Meine Liebe zu dir bindet mir Vergangenheit, Gegenwart und Zukunft zusammen und ist so ein Vorgeschmack der Ewigkeit!

Ich denke an dich
deine Anne-Mama

Hoffnung ist für mich ein entscheidendes Wort, eine unverzichtbare Dimension meines Lebens. Hoffnung hat uns in die Lage versetzt, auch die schwere Gegenwart von Schmerzen, Krankheit, Sterben und Tod zu leben, aktiv zu gestalten, anzunehmen und in einen Alltag hineinzufinden, der lebensorientiert und lebensbejahend blieb. Hoffnung war die Kraft, die Zukunft nicht einfach preiszugeben und uns auf eine tränenblinde Gegenwart zurückzuziehen, ohne Wünsche und Erwartungen.

Was aber verstehen wir unter Hoffnung, die etwas anderes ist als flüchtiges Wünschen?

Worin besteht die der Hoffnung innewohnende Kraft zu einem Leben in der Gegenwart mit allen Höhen und Tiefen, die die Zukunft

auch angesichts der im irdischen Leben un-
überwindlichen Todesgrenze nicht preisgibt, die
die Realität des Todes nicht verdrängt, sich von
ihr zwar erschrecken, bedrücken und auch traurig machen, aber nicht entmutigen und lähmen
lässt?

Wie gewinnen wir Vorstellungen und Anschau-
ungen einer für uns gewissen Zukunft, woher
kommt die beständige Hoffnungskraft, an dieser
Zukunft auch in dunklen Nächten der Gegenwart
festzuhalten, ja von ihr bestimmt zu leben?

Zum einen: Wir kennen und lesen die Hoffnungsgeschichten der Heiligen Schrift. Im Grun-
de genommen ist die gesamte Heilige Schrift
ein einziges Hoffnungsbuch, weil es von der Geschichte Gottes mit seinem Volk Israel und darüber hinaus in und durch Jesus Christus mit allen
Menschen Zeugnis gibt. Darin wird bezeugt,
dass und wie Gott, der Ewige, treu zu seiner
Schöpfung und zu seinen geliebten Geschöpfen
steht. Er gibt die Beziehung nicht auf, die eine
Beziehung des Lebens ist, das bleibt und auf
sein Ziel im Reiche Gottes zuläuft. Die bleibende Erwählung Israels gibt davon Zeugnis, die
Geschichten vom Reich Gottes, so wie Jesus sie
erzählt hat, und schließlich die Geschichte vom

Sterben und Auferstehen Jesu Christi, der als Gekreuzigter nicht im Tode blieb und als Auferstandener die Kontinuität zu seinem irdischen Leben bis ans Kreuz nicht verloren hat.

Wir kennen und lesen die Hoffnungsgeschichten von Menschen bis in unsere Zeit, die ihr Leben im Horizont dieser Geschichten interpretiert und geführt haben wie zum Beispiel Dietrich Bonhoeffer.

In Kenntnis dieser Geschichten verstehen wir auch unsere Lebensgeschichte, werden wir Teil der Hoffnungsgeschichten, ja der großen Hoffnungsgeschichte Gottes mit seiner Schöpfung und mit seinen Geschöpfen.

Zum anderen: Das Kennen, Lesen und Anwenden der Hoffnungsgeschichten auf unsere irdische Existenz ist nicht allein ein intellektueller Akt. Die Kraft unserer Hoffnung entsteht aus der Gewissheit, dass diese Geschichten wahr für uns sind. Schon jetzt werden wir ein lebendiges Teil der großen Hoffnungsgeschichte durch unsere lebendige Beziehung zu Gott. Die Liebe zu Gott – also unsere Seite der Beziehung zu Gott – ist so etwas wie der ,Treibstoff' der Hoffnung, ihre Energie. In der Liebe zu Gott öffnen wir uns durch die Lebendigkeit unserer Gottesbeziehung für die Zufuhr seiner Liebe zu uns, sodass wir Anteil an der Ewigkeit des Ewigen geschenkt bekommen.

Der Apostel Paulus beschreibt, in welchen Stufen sich Hoffnung in unserer Person ausbildet und deshalb für unsere ganze Existenz bestimmend wird:

„Durch ihn (nämlich Jesus Christus) haben wir auch den Zugang im Glauben zu dieser Gnade (nämlich den Frieden mit Gott), in der wir stehen, und rühmen uns der Hoffnung der zukünftigen Herrlichkeit, die Gott geben wird. Nicht allein aber das, sondern wir rühmen uns auch der Bedrängnisse, weil wir wissen, dass Bedrängnis Geduld bringt, Geduld aber Bewährung, Bewährung aber Hoffnung, Hoffnung aber lässt nicht zuschanden werden; denn die Liebe Gottes ist ausgegossen in unsere Herzen durch den Heiligen Geist, der uns gegeben ist." (Röm 5, 2–5)

Schwere Zeiten, ‚Bedrängnisse' stellen also die Liebe Gottes zu uns nicht in Frage, bedeuten keine Aufkündigung des Friedens von und mit Gott. Sie gehören vielmehr zum irdischen Leben als Ausdruck seiner Geschöpflichkeit und damit Zerbrechlichkeit, Gefährdung und grundsätzlichen Begrenztheit hinzu.

Die Annahme und das Verstehen solcher Zeiten lässt eine innere Kraft in uns reifen, solche Tage der Dunkelheiten durchzustehen, sie zuzulassen, sie zu dulden.

Diese innere Kraft stärkt unsere Persönlichkeit, die sich dadurch ihrer selbst gewiss wird, dass sie auch dunkle Tage aus Gottes Hand annehmen kann. Wurzeln des Glaubens bilden sich aus, die uns Lebenskraft aus tieferen Gründen als aus dem alltägliche Erleben zuführen. Wurzeln, die uns davor bewahren, in den Stürmen der dunklen Tage einfach fortgeweht zu werden.

So entsteht schließlich Hoffnung, die nicht von schneller Erfüllung unserer täglichen Wünsche gebildet wird und magischen Charakter hat – und sich deshalb bei versagten Wünschen so schnell in nichts auflöst –, sondern eine gegründete, in die ganze Persönlichkeit eingewebte und in den Hoffnungsgeschichten Gottes gelehrte Hoffnung. Sie bleibt beständig und hat genügend Kraft, auf die Erfüllung unseres Lebens im Reiche Gottes zuzuleben – in unserem irdischen Leben und durch unser Sterben und den Tod hindurch.

„Sich der Bedrängnisse rühmen" – das ist eine schwer erträgliche Formulierung. Und auf

Leiden kann und will ich mich nicht freuen, ich will auch nicht auf solche Erfahrungen stolz sein. Was Paulus meinen mag, erschließt sich mir, wenn ich über die ungeheure Persönlichkeitsentwicklung nachdenke, die Meike in der Zeit ihrer Krankheit durchlebt hat. Sie war eine bewährte und von Hoffnung geprägte junge Frau, als sie starb.

Für sie und für uns gilt: Wir sind nicht zuschanden geworden durch ihren Krebs, der ihr irdisches Leben vernichtet hat, an ihr Leben in Gott aber nicht rühren kann – nicht zuschanden, das bleibt.

Nikolaus Schneider

4. Der Auferstehungsglaube öffnet uns die unsichtbare Welt Gottes, in der unsere Toten leben!

> Wenn sich die Stille nun tief um uns breitet,
> so lass uns hören jenen vollen Klang
> der Welt, die unsichtbar sich um uns weitet,
> all deiner Kinder hohen Lobgesang.

Meike, du Liebe, ein Problem hast du ‚da oben‘ ja nicht mehr, mit dem ich mich ‚hier unten‘ noch rumplagen muss:

Wie ist das mit dem Verhältnis von Gottes unsichtbarer Welt zu unserer sichtbaren, vorfindlichen Menschenwelt?

Ganz klar für meinen Glauben und für mein Denken ist: Diese beiden Welten sind nicht deckungsgleich, aber sie sind auch keine beziehungslosen Parallelwelten, die unverbunden zueinander stehen.

Und genauso klar für meinen Glauben und für mein Denken ist: Diese beiden Welten sind nicht gleichrangig und gleichgewichtig. Gottes unsichtbare Welt ist zeitlos und unbegrenzt, unsere vorfindliche Menschenwelt ist zeitlich und begrenzt. Gottes unsichtbare Welt ermöglichte und ermöglicht unserer Menschenwelt erst ihr ‚Sein‘, ist Grund und Ziel allen Lebens, auch und besonders allen menschlichen Lebens, auch meines Lebens.

Aber wie und wann und wodurch berühren sich Gotteswelt und Menschenwelt? Wer oder was öffnet uns den Himmel, lässt die ‚Einwohnung Gottes‘ in unserer Welt zu, lässt uns das Gottesreich erfahrbar, hörbar, spürbar werden?

Ganz klar: Wir Christinnen und Christen glauben, dass uns mit Jesu Leben, Sterben und Auferstehen hier eine gültige und für uns verbindliche Antwort gegeben ist.

Aber wir suchen ja immer wieder neu nach konkreten, gegenwärtigen Antworten auf diese für uns **lebens**wichtigen Fragen, gerade angesichts der Unausweichlichkeit unseres Sterbens.

Meike, einige für uns beide hilfreiche und wegweisende Antworten fanden wir verdichtet in dem Lied „Wenn das Brot, das wir teilen" (EG 667), darum haben wir dieses Lied so gerne gemeinsam gesungen. Und wir haben es auch bei deiner Trauerfeier gesungen:

„Wenn das Brot, das wir teilen, als Rose blüht
und das Wort, das wir sprechen,
als Lied erklingt ...;
wenn das Leid jedes Armen uns Christus zeigt
und die Not, die wir lindern,
 zur Freude wird ...;
wenn die Hand, die wir halten, uns selber hält
und das Kleid, das wir schenken,
auch uns bedeckt ...;
wenn der Trost, den wir geben,
uns weiter trägt
und der Schmerz, den wir teilen,
zur Hoffnung wird ...
dann
hat Gott unter uns schon sein Haus gebaut,
dann wohnt er schon in unserer Welt.
Ja, dann schauen wir heut schon sein Angesicht
in der Liebe, die alles umfängt."

Ach Meike, wie gerne wolltest du in diesem Sinn noch Jahre und Jahrzehnte ‚Angesicht Gottes' sein – und dabei wolltest du alt werden, stein-alt ...

Du wolltest das Haus Gottes in unserer Welt bewohnen, wolltest das Reich Gottes in unserer Menschenwelt erfahrbar, hörbar und spürbar werden lassen, Teil seines Wachsens sein!

Ich kann und will es einfach nicht verstehen, dass Gottes Walten das durchkreuzt hat. Immer wieder neu denke ich: was für eine Verschwendung, was für ein Verlust – nicht nur für uns!

Und jetzt, Meike, in meinen Vorbehalten gegenüber diesem Walten Gottes und in meiner Trauer über deinen Tod, da suche ich manchmal nach anderen Antworten auf die Frage nach Gottes ‚Einwohnung in unserer Welt‘:
Ich will dann nicht Gottes Reich **tun**, ich will es dann an mir geschehen **lassen**.

Ich will dann nicht Gottes Gesicht **für andere** sein; ich will dann, dass Gottes Gegenwart **für mich** da ist!

So, wie du in den letzten Tagen deines irdischen Lebens nur noch empfangen und nicht mehr geben konntest!?

Während ich diesen letzten Satz schreibe, merke ich: So war das doch gar nicht! Du hast uns noch so viel gegeben!

In der tiefen Stille, die sich um uns breitete, als wir um dein Bett saßen, als das künstliche Koma dir die Schmerzen und uns die Hoffnung auf deine Genesung nahm, in dieser tiefen Stille hat die Gemeinschaft mit dir uns den ‚vollen Klang der unsichtbaren Welt Gottes‘ hörbar gemacht.

Mit Weinen und mit Zittern konnten wir uns – dich ansehend und dich streichelnd – einlassen auf diesen Klang aus der Welt Gottes, die unsere Welt zu weiten begann.

Mit Weinen und mit Zittern konnten wir dich die letzte Grenze unserer irdischen Welt überschreiten lassen, konnten dich aus unseren dich so sehr liebenden Händen in die ‚gute und geliebte Hand Gottes‘ gleiten lassen.

Mit Weinen und mit Zittern konnten wir an deinem Totenbett das Lied „Von guten Mächten" singen und waren dabei ganz gewiss: Du singst mit uns!

Und jetzt, jetzt lebst du für mich in der mir so oft unsichtbaren Welt Gottes, denn Gott ist nicht ein Gott der Toten, sondern der Lebenden.

Für mich gehörst du jetzt ganz zu den ‚guten Mächten‘ Gottes, die meine begrenzte Welt gelegentlich weiten, mir hin und wieder Grenzüberschreitungen ermöglichen.

Denn manchmal, Meike, wenn ich die Stille in meinem oft hektischen Alltag zulasse, wenn ich mich dem Geist Gottes öffne, dann höre ich den ‚vollen Klang‘ von Gottes unsichtbarer Welt, und dann höre ich darin deine geliebte, unverwechselbare Stimme.

Dann fließen meine Tränen, und ich flüstere dir zu: Schade, dass du nicht mehr in unseren irdischen Chören Gottes Lobgesang schmettern kannst!

Aber ich spüre dann, dass du wieder ein Stückchen meiner Vorbehalte gegenüber Gottes Todeswalten weggesungen hast, und es mischt sich Dankbarkeit in meine Traurigkeit.

Ich liebe dich so sehr, Meike, immer noch und immer wieder neu, und ich freue mich auf unser Wiedersehen!

deine Anne-Mama

Was dürfen wir hoffen – für Meike und für uns?
Was ist aus Meike geworden, nachdem sie starb
und begraben wurde – was wird aus uns?

Unsere Toten sind nicht tot – nur in dieser para-
doxen Weise können wir unter den Bedingungen
begrenzten Raumes und begrenzter Zeit zum
Ausdruck bringen, was aus unseren Toten, was
aus Meike geworden ist.

Denn die Begrenztheiten unserer irdischen,
individuellen Existenz sind unabweisbar, wir erfahren und kennen sie alle: Zerfall, Knochen,
Asche, Schrift in Stein gehauen – das ist die Form
der Weiterexistenz unseres sterblichen Leibes auf
der Erde. Bilder und Geschichten treten hinzu,
bleibendere – wenn auch nicht auf unbegrenzte

Dauer! – Fortexistenz im Gedächtnis der Weiterlebenden. Unsere irdische Existenz entgeht den Begrenzungen nicht, das Fragmentarische, das Begrenzte zeichnet sie aus.

Trotzdem sagen und glauben wir: Unsere Toten sind nicht tot! Denn unter den Bedingungen begrenzter irdischer Existenz können wir die Erfahrung machen, dass unsere Welt nicht die gesamte Wirklichkeit ist. Unser Glaube hilft uns, auf solche Erfahrungen aufmerksam zu werden und sie beim Namen zu nennen. Lassen wir den Glauben sprechen:

Unsere begrenzte Welt wurde von Gott geschaffen, dem Unbegrenzten, dem Ewigen. Schon der Schöpfungsakt war Ausdruck seiner Liebe, denn er wollte nicht allein bleiben, sondern suchte ein Gegenüber. Die Menschen hat er als sein lebendiges Gegenüber geschaffen, ,nach seinem Bilde' – wie es die Bibel sagt.

Diese lebendige Liebesbeziehung ist von Gottes Seite her beständig: im bleibenden Bund mit seinem Volk Israel, in väterlicher/mütterlicher Beziehung zu allen Menschen, die durch Jesus Christus in die Liebesgeschichte Gottes zu seinem Volk und zu seinem Sohn als Geschwister Jesu hineingetreten sind.

Es ist also die dauernde Beziehung des Ewigen zu seinen Geschöpfen, die uns in die Ewigkeit hineinnimmt.

Es ist seine Unbegrenztheit, die uns über den irdischen Tod hinausführt.

Es ist seine ewige Lebendigkeit, die es uns möglich macht zu sagen: Unsere Toten sind nicht tot!

Im Psalm 139 ist auf wunderbar poetische Weise zum Ausdruck gebracht, was für uns auch unter den Bedingungen irdischer Begrenztheit gilt: „Nähme ich Flügel der Morgenröte und bliebe am äußersten Meer, so würde auch dort deine Hand mich führen und deine Rechte mich halten. Spräche ich: Finsternis möge mich decken und Nacht statt Licht um mich sein –, so wäre auch Finsternis nicht finster bei dir, und die Nacht leuchtete wie der Tag. Finsternis ist wie das Licht." (9-12)

Und Jesus argumentiert im Streitgespräch über die Auferstehung so: „Habt ihr denn nicht gelesen von der Auferstehung der Toten, was euch gesagt ist von Gott, der da spricht (2. Mose 3,6): ‚Ich bin der Gott Abrahams und der Gott Isaaks und der Gott Jakobs'? Gott ist nicht ein Gott der Toten, sondern der Lebenden." (Mt 22,31f)

An Jesus selbst hat Gott es verdeutlicht, dass der Tod, der Zerfall und die Vernichtung der individuellen Persönlichkeit nicht das letzte Wort über unser persönliches Leben sind. Gott hat ihn auferweckt in eine neue Existenz hinein. Sein geschundener Körper wurde nicht wiederbelebt, aber der neu geschaffene Leib blieb als sein Körper erkennbar.

Auferstehung bedeutet also: neu geschaffen werden, in die Ewigkeit Gottes hinein verwandelt werden, in Kontinuität zu meiner persönlichen Identität und gleichzeitig in radikalem Bruch mit der Begrenztheit meiner körperlichen, irdischen Existenz.

Da wir unter den Bedingungen unserer begrenzten irdischen Existenz über das Ewige nachdenken und reden, geschieht das immer in unzureichender Weise. Paulus versucht es so: „... Es wird gesät verweslich und wird auferstehen unverweslich. Es wird gesät in Niedrigkeit und wird auferstehen in Herrlichkeit. Es wird gesät in Armseligkeit und wird auferstehen in Kraft. Es wird gesät ein natürlicher Leib und wird auferstehen ein geistlicher Leib ..." (1. Kor 15,42ff)

Aber wie auch immer die Neuschöpfung sein wird: Endgültig und in unmittelbarer Gegenwart

Gottes wird unsere Existenz sein, unverlierbar und unzerstörbar nach irdischen Maßstäben.

Diese Neuschöpfung irdischer Existenz bezieht sich aber nicht allein auf die je einzelnen Menschen. Wir erwarten eine neue Schöpfung, die wir Gottes Reich oder das Reich der Himmel nennen. In dieser neuen Schöpfung Gottes, in der er uns quasi in ‚sein Haus‘, in seine ewige, unmittelbare Nähe hineinholt, werden nicht allein die Grenzen irdisch-körperlicher Existenz aufgehoben. Es wird auch eine neue Qualität des Zusammenlebens geben: „Wir warten aber auf einen neuen Himmel und eine neue Erde nach seiner Verheißung, in denen Gerechtigkeit wohnt." (2. Petr 3,13)

Gerechtigkeit wird endlich das Verhältnis der Menschen zueinander bestimmen. Deshalb wird endlich ein Leben in Frieden möglich sein, für alle in umfassender Weise. Leben in Fülle, Gerechtigkeit und Frieden, Licht ohne Finsternis wird die Neuschöpfung kennzeichnen und damit alle Begrenztheiten aufheben, mit denen wir uns in unserer irdischen Existenz noch abfinden müssen.

Ist das alles aber nicht nur fromme Phantasie? Können wir wirklich begründet von Gottes neuer Welt reden? Gibt es schon jetzt Erfahrungen mit dieser Neuen Schöpfung, sozusagen Grenzüberschreitungen hin und her?

Ja, die gibt es. Zum einen kennen wir die biblischen Berichte über solche Grenzüberschreitungen. Im Alten und Neuen Testament lesen wir Geschichten von der ‚Einwohnung Gottes‘ auf unserer Erde, Geschichten davon, wie das Reich Gottes schon jetzt auf dieser Erde beginnt. Diese Geschichten fordern nicht nur unseren Glauben heraus, sie helfen uns auch, eigene Grenzüberschreitungen in unserem Leben zu entdecken.

Wir machen die Erfahrung, von Gott durch sein Wort in der Schrift oder durch einen anderen Menschen unmittelbar angesprochen zu werden, sodass wir neu Klarheit gewinnen über uns und unsere Existenz: durch Trost, Ermutigung, Erklärung oder auch Warnung und Ermahnung.

Im Gebet sprechen wir mit Gott und lassen uns von ihm ansprechen.

Es sind also die Formen der Frömmigkeit im Leben des Einzelnen oder im gemeindlichen Gottesdienst, die eine Verbindung zwischen unserer begrenzten irdischen Existenz und dem ewigen Leben im Reich Gottes ermöglichen. Das

Hören der Schrift und der Predigt, also der Vergegenwärtigung der Zeugnisse über die Erfahrungen mit dem ewigen, lebendigen Gott und deren Bedeutung für unser heutiges Leben; die Gemeinschaft beim Abendmahl, denn in diese Gemeinschaft gehören Christus selbst und alle hinein, die zu ihm gehören – also auch die Verstorbenen. Sie sind Teil der Abendmahlsgemeinschaft, die die irdischen Grenzen von Raum und Zeit überschreitet. Wir können das spüren. So vermittelt das Abendmahl uns einen Vorgeschmack auf das, was im Reich Gottes für uns bereitet ist.

Nicht allein die liturgischen Formen der Frömmigkeit des Einzelnen und der Gemeinde erlauben Grenzüberschreitungen, auch der Dienst der Liebe und der Gerechtigkeit in der Welt vermittelt die Erfahrung, schon jetzt dem Auferstandenen selbst zu begegnen und damit eine reale Vorahnung auf das zu bekommen, was als Reich Gottes umfassende Realität sein kann.

Unsere Toten sind nicht tot. Meike ist verwandelt in die Ewigkeit Gottes hinein. Die Gemeinschaft zwischen uns ist nicht aufgehoben. Sie gehört zu uns und wir zu ihr, und manchmal spüren und ahnen wir das unmittelbar.

Nikolaus Schneider

Nachwort

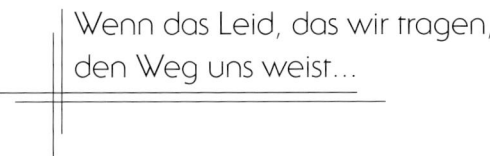

Wenn das Leid, das wir tragen,
den Weg uns weist...

Wenn das Leid, das wir tragen, den Weg uns
weist
und der Tod, den wir sterben, vom Leben singt,
dann
hat Gott unter uns schon sein Haus gebaut,
dann wohnt er schon in unserer Welt. Ja, dann
schauen wir heut schon sein Angesicht in der
Liebe, die alles umfängt. (EG 667,5)

Leid als persönliche Wegweisung für gelin-
gendes Leben annehmen können, an Sterbe-
betten und in Todeserfahrungen eine leise Me-
lodie von Gottes neuer Welt, von neuem un-
verletzlichen Leben in Gottes Reich erklingen
hören, das sind ‚wunderbare‘ Gottesgeschenke
und Gottesbegegnungen in unserem oft so unheilen und leidvollen Menschenleben.

Wir wollten mit diesem sehr persönlichen
Buch bezeugen, dass solche ‚wunderbaren‘
Gottesbegegnungen möglich sind.

Solche wegweisenden und tröstenden Gotteserfahrungen wischen unser Leid und unsere Trauer nicht einfach weg. Sie breiten auch nicht einen Mantel des Schweigens, Vergessens und Verdrängens über unsere Schmerzen und Wunden, sondern sie öffnen unser Denken, Fühlen und Weiterleben wieder neu für „die Liebe, die alles umfängt".

Sie öffnen uns neu für die Liebe zu den Menschen, die uns gestorben sind, für die Liebe zu den Menschen, die mit uns zurückbleiben, für die Liebe Gottes zu uns und für unsere Liebe zu Gott – trotz seines uns widerständig bleibenden Todeswaltens!

Die Erkenntnis des Paulus, dass die Liebe größer ist als der Glaube und die Hoffnung, wurde für uns in den letzten gemeinsamen Monaten mit Meike spürbar wahr.

Der Glaube, das bedingungslose Vertrauen, dass uns, weil wir ‚Gott lieben, alle Dinge zum Besten dienen' (Röm 8,28)

und unsere Hoffnung, dass sich die heilende und gute Lebensmacht Gottes auch in unserem irdischen Leben durchsetzen will und wird,

dieser Glaube und diese Hoffnung haben tiefe Risse davongetragen.

Nicht aber die Liebe – nicht die Liebe zu Meike und nicht die Liebe zu all den Menschen, die unser Leben begleiten.

Und auch nicht die Liebe zum Leben auf dieser unheilen und leidvollen Erde, weil diese Liebe zum Leben ihren Grund und ihre Begründung darin findet, dass wir uns von Gott ‚wunderbar geborgen' und geliebt wissen.

So bleiben wir, unter Tränen zwar, aber doch getröstet, ganz gewiss, ‚dass weder Tod noch Leben, weder Engel noch Mächte noch Gewalten, weder Gegenwärtiges noch Zukünftiges, weder Hohes noch Tiefes noch eine andere Kreatur uns scheiden kann von der Liebe Gottes, die in Christus Jesus ist, unserm Herrn.' (Röm 8,38f)

Gott segne Sie!

Dieter Kelp

Gottesdienst für Meike Schneider
am 11. Februar 2005,
14 Uhr, Dorfkirche Neukirchen

In Christi Namen. Amen

Brücken
Liebe Gemeinde.
Liebe Anne, lieber Nikolaus, liebe Katrin, liebe Annika.
Hoffnungsvoll habt ihr für Meike einen Sarg ausgesucht, der aussieht wie eine Brücke.

Eine Brücke zum abhanden gekommenen Verstehen?

Zum kaum verfügbaren Trost?

Eine Brücke, die über die niederdrückenden Erfahrungen und ihre Bitterkeit einen Bogen der Zuversicht spannt?

Wahrscheinlich nicht. Und wer heute für alle einsichtig deuten könnte, warum Meike hat sterben müssen, der soll bitte an meiner Stelle weitermachen. Ich kann es nicht.

Aber eine Brücke ist dazu da, die Ufer zu verbinden, zu versöhnen, so wie die wieder aufgerichtete Brücke in Mostar, die zwischen unversöhnten Stadtschaften lag.

Ob Versöhnung gelingt, ist nicht klar. Aber solange es die Brücke gibt, gibt es den Auftrag dazu.

So verstehe ich den Sarg, der eine Brücke ist.

Nicht, was sie überspannt, macht ihren Wert, sondern, wen sie zusammenbringt.

Es ist nicht klar, ob die Menschen aus Meikes Nähe über die tiefe Kluft der Verletzungen, der ausgestandenen Ängste, der monatelang ertragenen Schlaflosigkeit, der ständig sich höher türmenden Befürchtungen, des mit Mühe aufrechterhaltenen Gleichgewichts zwischen fordernder Außenwelt und tief betroffener Seele, ob sie sich einen Gang darüber bald zutrauen werden. Und noch weniger klar ist wohl, ob sie das andere Ufer überhaupt sehen wollen. Meike zwar hat es erreicht, und dass sie erlöst ist von entwürdigenden, unendlich schmerzhaften und entstellenden Prozeduren, ihre kleine, gequälte Seele wie jener Vogel aus dem 124. Psalm, dem Fallensteller entkommen, frei ist und gewonnen für das Leben der künftigen Welt, hat die Eltern in den letzten Tagen schon einige versöhnliche Gedanken schöpfen lassen. Aber dass sie hat sterben müssen, dass Eltern und Geschwister, Freunde, Freundinnen und sehr viele, die so viel von ihr erwarteten, betrogen sind um ihre Nähe, um ihre strahlenden Augen, ihre neugierige Nase und ihre zupackende Energie, dass ihr Leben nach den lohnenden Versprechungen ihrer 22 Jahre nichts mehr einlösen kann, macht bitter.

Deshalb ist unklar, ob das Angebot der Brücke schon trägt, und dieser Gottesdienst will dazu ermuntern, es zu versuchen. Schon einmal mit dem hoffnungsvollen „Trotzdem"-Lied Bonhoeffers aus dem KZ und den Guten Mächten.

Moderation

„Im Moment ist es für mich kein Trost, zu glauben, dass du auch im Sterben bei Gott geborgen bist", schrieb Anne.

Gott – von dem wir glauben, dass wir ihn verstehen, wenn er sein Volk tröstet, freundlich redet mit Jerusalem und *alle* Knechtschaft zu enden ansagt.

Gott – den unsere Eltern uns „lieb" zu nennen geheißen haben.

Und der Meike und Anne immer größer und fremder zu werden begonnen hatte. Immer bedrohlicher.

Ist es Gott, der so leiden lässt?

Der Schmerzen ohne Ende zufügt?

Der stumm scheint und unberührt vom Elend seiner Kinder?

Hat er denn nicht die Macht, dazwischenzufahren?

Mit linder Hand zu heben, retten, was verloren ist?

Wie fern kann er sein, wo er so sehr, so nahe gebraucht würde!

In den dunklen Tagen des Hiob, auch des Jesus empfanden sie sich Gott-verlassen. „Eli, Eli, lama asabtani?"

Und flüchteten dennoch zu ihm. Wohin denn sollten sie sich wenden? Welche Instanz blieb denn, Gott zu beklagen, wenn nicht er selbst?

Er ist ein zorniger Gott und versteht den Zorn seiner Kinder.

Er ist ein Gott, der un-endlich leidet an der Sinn-Vergessenheit seiner Schöpfung. Bis hin, Christus zu opfern, um sie zu gewinnen. Passionszeit. Erzähl mir nichts von fühllos.

Er ist prima und ultima causa. Von allen Seiten umschließt er gute und böse Tage, in aller hellen Freude ist er Mitte, und am äußersten Meer decken dich seine Flügel.

Und wenn wir uns die Finsternis herbeiwünschen, um vor ihm Ruhe zu haben, dann macht er sie hell. Er tritt aus der Ferne, wenn wir es am wenigsten erwarten. Und wischt ab die Tränen, und endet Geschrei und Angst, und Tod wird nicht mehr sein. Denn das Alte vergeht. „Ich mache alles neu" – glaub es, o Seele.

Gebet

Gott,

wir halten uns an dich, denn einen anderen Ort finden wir nicht, an dem wir unsere Traurigkeit abladen können. So klagen wir DIR unsere Verstörtheit und tiefe Beirrung. Dass Meike gestorben ist, schließlich doch hat sterben müssen, einer Krankheit erlegen ist, von der wir hofften, Meikes Kraft und unsere Gebete müssten sie vertreiben, das hat uns sehr verletzt. Ihr langes, so gefasstes und beherrschtes Leiden hat auch unsere Kraft aufgezehrt, und doch wäre davon noch genug übrig, wenn sie Meike hätte am Leben erhalten können. Sieh unsere Schwäche, Herr. Erbarme dich.

So viele Menschen haben Meike in dieser Zeit umstanden wie ein Wall, so viele gute Gedanken haben sie begleitet wie Engel, und wir wissen, wie gut ihr das getan hat und auch uns. Dafür wollen wir danken.

Ihre schwere Krankheit hat uns näher zueinander gebracht, als wir je waren. Wir haben unsere Tochter, unsere Schwester neu und wertvoll erfahren, und die viele Zeit, die wir füreinander hatten, hat uns alle reicher gemacht. Auch dafür danken wir sehr.

Sie ist auf andere Weise dem Feuer entstiegen, als wir gehofft hatten, aber wir finden allmählich Trost in dem Gedanken, dass ihr starkes und mutiges Leben ihr unverletzt und heil wiedergegeben ist. Danke.

Wir wollen dich bitten, Gott, dass wir Kraft gewinnen, Mut fassen, Horizonte neu in Blick nehmen können. Dass nicht stumpfe Wehmut die Tage überlagert wie ein Schleier und uns daran hindert, wieder Atem zu schöpfen. Dass die Erfahrungen dieser Zeit uns helfen, mit-leidig zu bleiben und demütig.

Wir bitten dich für die vielen Menschen hier, mit betroffen vom Elend, aber auch mit gemeint vom Bleiben der Liebe. Dass sie mehr wiegt als alles andere, haben wir erfahren. Dass sie dem Glauben und Hoffen wieder zu Kraft verhilft, bitten wir.

Amen

Predigt
Römer 8,35-37.39

Wer will uns scheiden von der Liebe Christi? Trübsal oder Angst oder Verfolgung oder Hunger oder Blöße oder Gefahr oder Schwert? In dem allen überwinden wir weit, durch den, der uns geliebt hat. Denn ich bin gewiss, dass weder Tod noch Leben, weder Engel noch Mächte noch Gewalten, weder Gegenwärtiges noch Zukünftiges, weder Hohes noch Tiefes noch eine andere Kreatur uns scheiden kann von der Liebe Gottes, die in Christus Jesus ist, unserem Herrn.

Die triumphale Zuversicht des Paulus wünschten wir uns: „Ich bin gewiss, dass *nichts* uns scheiden kann von der Liebe Gottes." Nichts von den Gewalten, die er aufzählt, ist stark genug, weiß er, uns abzusondern (für die Theologen: in Sünde verkommen zu lassen) von der Liebe, die in Christus Jesus ist.

Wir sind da nicht so gewiss. Wir haben uns als klein erlebt und sehr hinfällig. Nicht, dass jeder Zweifel uns erschlüge, wir wissen, wie Zweifel weiterführen können, aber die Ereignisse der letzten Wochen haben uns zutiefst getroffen und unsicher gemacht in dem, was wir glauben können.

Eher geht es uns wie den Pharisäern, die Jesus aufforderten, vom Kreuz zu steigen: "Andern hat er geholfen und kann sich selber nicht helfen? Ist er der König Israels, so steige er nun vom Kreuz. Dann wollen wir ihm glauben."

Was ist ein Gott wert, der nicht hilft? Wohin führt aller Altruismus, wenn er das eigene Umkommen nicht verhindern kann? „Ist er der König Israels" – wenn Gottes Macht noch nicht einmal den Schutz Jesu gewähren kann, worin besteht sie denn dann? Kann denn Gott daran gelegen sein, seine Schöpfung zu verwüsten, wie neulich in Südost-Asien geschehen, seine Kinder erschlagen zu lassen von Flut oder Krebs?

Fragen ohne die glatte Antwort.

Aber mit einem Gedanken, der vielleicht herausführt: Die Pharisäer setzen fort: "Er hat Gott vertrauet, der erlöse ihn nun". Und darin haben sie Recht.

In Getsemane bittet Jesus „Herr, wenn du willst, so lass diesen Kelch vorbeigehen – aber nicht mein Wille geschehe." Jesus vertraut Gott auch gegen seinen Wunsch auf Selbstbehauptung. Anders als wir kann er von sich selbst absehen, von seiner

Angst, von seiner Sehnsucht nach Leben. Vielleicht könnten wir es auch ein wenig besser, wenn es um uns selbst ginge und nicht um ein Kind, von uns geboren, mit Sorge über Klippen gebracht, voller Zukunft. Da verstellt der empfundene Mangel an Gerechtigkeit alles Vertrauen.

Aber das wahre Wort der Pharisäer wendet sich gegen sie am dritten Tag. Es lüstete Gott, Jesus herauszurufen aus der menschlichen Endgültigkeit des „gestorben und begraben", wie Jesus Lazarus herausgerufen hatte: Komm heraus, sage ich dir! Ihn zu lösen aus Fesseln und Banden des Todes. Das ist unser Bekenntnis in den guten Tagen. Und es bleibt wahr auch in den schlechten. Nur die Gewissheit des Paulus, die „dies alles", wie er sagt, weit zu überwinden vermag, die fehlt uns sehr. Es wäre viel leichter mit ihr. Denn da ist viel Tiefes und Tod und Macht und Gewalt, die niederdrücken, so dass wir den Kopf kaum heben können. Aber es kommt nicht darauf an. Das geknickte Rohr hat seine Chance, der glimmende Docht verlöscht nicht. Die Mühseligkeit und Last der Armen sind Teilhabe an Jesu Energie: seiner Liebe, die überwindet. Sie ist keine Forderung, keine Liebe kann das sein. Sie ist Quelle. Nicht aus sich zu schöpfen bis zur Erschöpfung, nicht auf sich zu vertrauen und also zu brechen – und umgekehrt nicht an sich zu verzweifeln, sondern jenes geborgte Leben zu leben, das mit der fremden Liebe Gottes ausgestattet ist und also überwinden kann und überleben wird.

Von Gottes Liebe scheidet uns nichts, weil nichts dazwischen treten kann. Sie ist Gottes Geschenk an seine Schöpfung, einer Welt zum Tod ohne diese Liebe, ein zynischer Witz, abgesehen von ihr, ein unzulänglicher Versuch. So aber, da es nicht an unserem Wollen oder Laufen liegt, sondern an Gottes Erbarmen, so hat alles Leiden ein Ziel und Ende, und das Reich Gottes wird unter uns gefunden.

Denn es ist Passionszeit geworden. Eure Leidenszeit kann enden.

Amen

Abschiede

tun weh. Besonders den Zurückbleibenden. Sie sind immer zu plötzlich und kommen ungebeten. Wer geht, gewinnt Neues. Aber wer bleibt, verharrt im Alten, ist verlassen, muss damit umgehen lernen, verlassen zu sein.

Und wir üben Abschied:

Dies ist noch nicht der endgültige Abschied. Der wird dann verbunden sein mit einem Wiedergewinn. Ihr werdet einen Ort gewinnen, der euch einmal alle sammeln soll, wenn eure Reisen zu Ende sind. Meike wird dort Platz halten, und wann immer ihr wollt, werdet ihr dorthin gehen und erzählen können. Sie wird nicht weit sein.

Jetzt aber verabschieden wir uns von ihren 22 Jahren, der Igelfrisur ihrer letzten Jahre, ihrem hoffend-zweifelnd-getrosten Dasein, und befehlen sie Gott, der sie besser noch kennt, als ihr sie kanntet:

Meike: Von Erde, Asche und Staub bist du genommen, Asche wirst du werden.

Zuversichtlich vertrauen wir dich Gott an, der dich geschaffen hat, und Christus, dem Bruder, der zu uns sagt: Ich lebe, und ihr sollt auch leben.